Inhalt

Globaler Rohstoffboom - Hoffnung für den afrikanischen Kontinent

Kernthesen

Beitrag

Fallbeispiele

Zahlen und Fakten

Weiterführende Literatur

Impressum

Globaler Rohstoffboom - Hoffnung für den afrikanischen Kontinent

Autor GENIOS BranchenWissen: A.Schneider

Kernthesen

- Die Industrialisierung von Schwellenländern wie Indien und China zieht einen enormen Bedarf an Rohstoffen nach sich. Diese Nachfrage treibt die Rohstoffpreise seit Jahren in die Höhe.
- Das rohstoffreiche Afrika profitiert davon. Der schwarze Kontinent hat die größten Gold- und Diamantenvorkommen der Welt, ist reich an Platin und Silber, verfügt über erhebliche Öl- und Gasvorkommen und lockt Investoren durch seine Vorräte an Bauxit, Kohle und Eisenerz.
- Besonders engagiert in Afrika sind bereits

die Chinesen und die Inder. Das Interesse der europäischen Wirtschaft erwacht ebenfalls allmählich, wie kürzlich der Besuch der Bundeskanzlerin Angela Merkel in Algerien zeigte.

Beitrag

Deutschland muss immer mehr für Öl, Gas und Metalle bezahlen. In rohstoffreichen Ländern boomt die Wirtschaft. Wird Afrika diese Chance langfristig nutzen?

Angela Merkel wirbt um Algeriens Öl- und Gasvorkommen

Mitte Juli weilte Bundeskanzlerin Angela Merkel ein paar Tage in Algerien. Das drittgrößte Land Afrikas ist hinter Südafrika und Ägypten mittlerweile das reichste Land des Kontinents mit 33 Millionen Einwohnern, 35 Milliarden Dollar Bruttoinlandsprodukt und knapp 200 Milliarden Dollar Devisenreserven. Es war kein touristischer Besuch, sondern es ging ums Geschäft. Gesprochen wurde über den Bau der Großen Moschee und die Lieferung von Fregatten, Förderanlagen, Schienen,

Zement und Kanalrohren inklusive der entsprechenden Ausbilder durch deutsche Unternehmen. Das größte Interesse seitens der Kanzlerin dürften aber die riesigen Öl- und vor allem Gasvorräte gewesen sein, die unter dem algerischen Wüstensand schlummern. Das nordafrikanische Land ist mit fast 4 600 Milliarden Kubikmetern gesicherter Erdgasreserven der siebtgrößte Anbieter weltweit. Diese Reserven sollen angezapft werden, denn schließlich will Deutschland seine Abhängigkeit von bisherigen Lieferanten, z.B. Russland, zukünftig verringern. (1)

Globaler Rohstoffboom bringt Afrikas rohstoffreiche Wirtschaft zum Wachsen

Algerien ist nur ein Beispiel für ein ganz allmählich aufstrebendes Afrika. Nach all den schlechten Nachrichten um die Wahlfarce in Kenia und Simbabwe tut es gut, etwas hoffnungsvollere Botschaften aus dem afrikanischen Kontinent zu empfangen. Nach Südafrika wächst nun auch in Ländern wie Algerien, Nigeria, Ghana der Wohlstand, es wird in Infrastruktur und Bildung investiert. Grundlage des neuen Wachstums sind die Rohstoffe.

Die Industrialisierung von Schwellenländern wie Indien und China zieht einen horrenden Bedarf an Rohstoffen nach sich. Diese Nachfrage treibt die Rohstoffpreise seit Jahren in die Höhe. So kletterte der Ölpreis in fünf Jahren um knapp 450 Prozent - allein in den vergangenen zwölf Monate verdoppelte sich der Preis auf aktuell rund 130 US-Dollar. Die Entwicklungsländer profitieren, denn sie verfügen über den Großteil der weltweiten Mineralöl-, Gas- und Edelmetallvorkommen. Afrikas **Edelmetalle** sind schon lange von globalem Interesse. Der schwarze Kontinent hat die größten Gold- und Diamantenvorkommen der Welt und ist reich an Platin und Silber. Afrika hat 88 Prozent aller Platinreserven, 73 Prozent aller Diamanten und 60 Prozent allen Kobalts und Mangans. Südafrika war der mit Abstand größte Goldproduzent der Welt. Inzwischen ist er jedoch von China überholt worden. Die Goldförderung in Südafrika ist schwierig geworden. Energieknappheit aufgrund regelmäßiger Stromausfälle, hohe Förderkosten aufgrund immer größerer Tiefen, Produktionsschwierigkeiten und Minenunfälle machen der südafrikanischen Bergwerksbranche sehr zu schaffen. In der Platinproduktion hingegen läuft es nach wie vor sehr gut. 80 Prozent des Platinangebots auf der Welt stammen vom Kap. In Südafrikas Boden ruhen schätzungsweise 90 Prozent der Platinvorkommen der ganzen Welt. Gebraucht wird Platin vor allen in der

Schmuckindustrie und in der Autozulieferindustrie für die Produktion von Katalysatoren. (2)
Nach dem Gold rückten die **Öl- und Gasvorkommen** Afrikas in den Mittelpunkt der Investoren. [Abb.1], [Abb.2] Der mittlere Osten und Nordafrika (vor allem die Westküste) verfügen über zwei Drittel der weltweiten Ölreserven und nahezu 50 Prozent der Erdgasvorkommen. Diese riefen Ölkonzerne wie Shell, Exxon und Total auf den Plan. Nigeria und Angola, die beiden größten Ölförderländer in Schwarzafrika, haben sich zu großen Lieferanten der USA und Chinas entwickelt. (3) Ägypten will in den kommenden fünf Jahren bis zu 20 Milliarden Dollar in den Öl- und Gassektor investieren. Erdgasverflüssigungsanlagen sollen gebaut und die Arab Gas Pipeline ausgebaut werden.

In jüngster Zeit konkurrieren die Bergbaukonzerne nun um Massengüter wie **Bauxit, Kohle** und **Eisenerz**. [Abb.3] Sie werden in der Aluminium- und Stahlproduktion benötigt. Die Produktion des schwarzen Goldes liegt bereits höher als die von Gold.

Afrikas Wirtschaft kommt das zugute. Der Internationale Währungsfonds, die OECD und die Weltbank bescheinigen den afrikanischen Staaten südlich der Sahara gute Wirtschaftsdaten und vorteilhafte Aussichten. Nach Angaben des Internationalen Währungsfonds ist das Wachstum so hoch und die Inflation so niedrig wie seit 30 Jahren nicht mehr. Im Durchschnitt der vergangenen zehn Jahre wuchs Afrikas Wirtschaft jährlich um 5,4 Prozent und damit schneller als einige der wohlhabenden Industrienationen. Für die kommenden sechs Jahre wird ein Wirtschaftswachstum von fast sechs Prozent pro Jahr erwartet. Die ausländischen Investitionen haben sich nach Angaben der Weltbank zwischen 1999 und 2006 auf 28 Milliarden Euro gut vervierfacht. Damit ist der Kontinent nach Asien die am zweitschnellsten wachsende Weltregion - noch vor Osteuropa und Südamerika. Südafrika, Ägypten, Algerien und Nigeria erarbeiten mehr als die Hälfte der gesamten afrikanischen Wertschöpfung. (4)

Vor allem Inder und Chinesen wollen ran an die Rohstoffe Afrikas

Die international aufgestellten Bergbaukonzerne, deren Kassen der Rohstoffboom der vergangenen Jahre gut gefüllt hat, investieren nun auch in Afrika. Neue Bergwerke entstehen. Rohstoffreserven in Ländern, die bisher aus schwierigen geografischen, politischen oder klimatischen Gründen keiner so recht angehen wollte, werden erschlossen. Sogar im Kongo wird investiert; bisher wollte dort aufgrund mangelnder Infrastruktur und politischer Stabilität niemand hin. Nicht nur die Europäer zeigen sich jetzt interessiert wie Merkels Besuch in Algerien beweist. Allen voran investieren indische und chinesische Unternehmen in Energieprojekte.

Indien hat seine Entwicklungskredite für Afrika verdoppelt. Der bilaterale Handel stieg im vergangenen Jahr auf 30 Milliarden Dollar. Die indische Tata Power beispielsweise sucht nach Kohle für die heimischen Kraftwerke; Tata Steel investiert in eine Ferrochromfabrik in Südafrika, plant ein Stahlwerk und sucht nach Eisenerzminen. Die Birla-Gruppe ist an Minen interessiert, ebenso der Stahlriese Mittal-Steel. (5)

Ein hohes Engagement zeigt vor allem China. So hat beispielsweise der britisch-südafrikanische Konzern Anglo American ein Bündnis mit der China Development Bank für gemeinsame Projekte auf dem Kontinent geschlossen. Die China Development Bank hat mit der nigerianischen United Bank die Finanzierung von Großprojekten für Öl, Gas, Strom und Bergbau vereinbart. (6) Die Chinesen schrecken vor nichts zurück. Um das Wachstum der eigenen Wirtschaft zu sichern, wollen sie ran an die das afrikanische Öl, die Steinkohle, das Platin und an die

Eisenerze um das um jeden Preis. Sie verhandeln sogar mit korrupten Regimen wie dem Sudan, Simbabwe und Angola. China importiert inzwischen bereits rund ein Drittel seines Erdölbedarfs aus Afrika und ist mit 56 Milliarden Dollar drittgrößter Handelspartner des Kontinents. In den kommenden zwei Jahren soll sich der Afrika-Handel auf 100 Milliarden Dollar verdoppeln und damit Amerika als bislang größter Handelspartner vertrieben werden. China hilft im Gegenzug mit Technologie und Wissen, baut Infrastruktur, Krankenhäuser und Schulen.

In Afrika Geschäfte zu machen, ist oft nicht leicht. Die ausländischen Unternehmen brauchen Geduld, Durchhaltevermögen, Improvisationstalent und gute Landeskenntnisse. Es mangelt an guter Infrastruktur und gut ausgebildeten Arbeitskräften. Vieles spielt sich in der Schattenwirtschaft ab. Etliche afrikanische Staaten schotten ihre Märkte mit Zöllen und anderen Handelshemmnissen ab. Die Bürokratie ist stark, die administrativen Prozesse sind oft aufwendig, langwierig und intransparent. Die Korruption ist zwar auf dem Rückzug, aber keineswegs verschwunden.

Fazit

Schon seit langem verkauft Afrika seine Rohstoffe auf dem Weltmarkt. Doch meist profitierten davon nur die oberen Zehntausend, vom Gewinn floss nur wenig in die Entwicklung der Länder, und für die Bevölkerung blieb selten etwas. Nur wenn die Regierungen und die internationalen Bergbau- und Ölförderkonzerne dazugelernt haben, wird die regionale Wirtschaft Afrikas aus dem aktuellen Rohstoffnachfrageboom nachhaltiges Wachstum entwickeln können. Doch das Beispiel China stimmt skeptisch. Der eigene Bedarf an Rohstoffen sollte nicht jedwede Betrachtung von Menschenrechten außer Acht lassen. Und Waffen sollten nicht an Simbabwes Mugabe verschifft werden, seien die Rohstoffe auch noch so sehr verlockend. Bis der afrikanische Kontinent den Anschluss an die weltwirtschaftliche Entwicklung findet, wird vermutlich trotz des derzeitigen Rohstoffbooms noch sehr viel Zeit vergehen.

Fallbeispiele

Das öl- und gasreiche Nigeria ist bei den weltgrößten Ölkonzernen ein beliebtes Investitionsland. **Exxon-Mobil, Chevron, Shell, Total** und **Eni** sind dort zum Teil seit vielen Jahren aktiv, oftmals unter hohem Risiko für die Mitarbeiter vor Ort. (7)

Auch die **Eon Ruhrgas AG**, Essen, Deutschlands größtes Erdgashandelshaus, engagiert sich in Nigeria. Anfang 2008 schlossen Eon Ruhrgas und der dortige Produzent Afren eine Kooperationsvereinbarung zur gemeinsamen Förderung von Gas aus kleineren Feldern. Außerdem beteiligt sich das Unternehmen mit fünf Prozent an einem Projekt zur Erdgasverflüssigung im westafrikanischen Äquatorialguinea. Die RWE-Tochter **Dea** ist bereits seit 1974 in Ägypten tätig, vor wenigen Tagen meldete das Unternehmen einen Gasfund im Nildelta. Seit einigen Jahren ist Dea auch in Algerien und Libyen vertreten; erst im Juni wurde eine Lizenz in Mauretanien erworben. 2007 investierte Dea in Afrika und im Nahen Osten über 200 Millionen Euro, mehr als in jeder anderen Region.Die BASF-Tochter **Wintershall** bohrt seit 1958 in Libyen nach Öl und Gas.Die deutsche **Linde Group**, München, seit der Übernahme des britischen Konkurrenten BOC Weltmarktführer im internationalen Industriegasegeschäft, macht mehr als fünf Prozent ihres Gesamtumsatzes von zwölf Milliarden Euro in Afrika mit Tochterunternehmen in Botswana, Kenia und Namibia. (8)

Der südafrikanische Öl- und Petrochemiekonzern **Sasol** sahnt derzeit kräftig ab: er fördert billig einheimische Kohle, verflüssigt diese zu Treibstoff und verkauft diesen zu Rohölpreisen an den internationalen Rohstoffmärkten. In der Nähe von Johannesburg steht die weltweit größte Kohleverflüssigungsanlage der Welt: 160 000 Barrel Benzin, Diesel und Kerosin werden hier jeden Tag aus Kohle gewonnen - fast 30 Prozent des gesamten südafrikanischen Treibstoffbedarfs.Zugrunde liegt übrigens deutsches Know-how, ein 1925 von den deutschen Chemikern Franz Fischer und Hans Tropsch patentiertes Verfahren, mit dem Kohle zu Treibstoff verflüssigt wird. Bei den steigenden Ölpreisen lohnt sich das lange als aufwendig und unrentabel beurteilte Verfahren zur Kohleverflüssigung: Nach Ansicht von Rohstoffexperten wie Azar Jammine vom Wirtschaftsberater Econometrix rechnet sich die Umwandlung von Kohle in flüssigen Brennstoff bereits ab einem Preis von knapp über 40 Dollar pro Barrel - also bei weniger als einem Drittel des derzeitigen Ölpreises. Der Ölboykott Südafrikas zu Zeiten des Apartheidregimes hatte also in diesem Falle etwas Gutes; Not macht erfinderisch und so griff man auf die einheimische Kohle zurück und machte sie zu Öl. Sasol verdient sich damit heute eine goldene Nase. (9)

Goldproduzent **Randgold Resources** mit Sitz auf der britischen Kanalinsel Jersey fördert Gold im westafrikanischen Wüstenstaat Mali, einem der ärmsten Länder der Welt, und sucht nach weiteren Goldminen in Senegal und in Tansania. (10)

In der Region **Ostkongo/Ruanda** läuft ein Pilotprojekt, das die Transparenz im Rohstoffhandel erhöhen soll, ein Ziel, das auf dem G-8-Gipfel in Heiligendamm festgelegt worden war. In der Region werden die seltene Erzmischung Coltan (Colombit-Tantalit) und Zinnerz (Cassiterite) gefördert, die unter anderem von der Mobilfunkindustrie stark nachgefragt werden. Die kleinen Bergleute und Verarbeiter sollen geschützt werden, indem eine zertifizierte Handelskette geschaffen wird: Die in Hannover angesiedelte Bundesanstalt für Geowissenschaften und Rohstoffe (BGR) stellte im Auftrag der Bundesregierung in Berlin im Dezember 2007 ein Pilotprojekt zur Zertifizierung der Handelskette von Mineralien aus Ruanda in Erfüllung des G-8-Beschlusses von Heiligendamm vor. "Zertifizierung der Handelskette" bedeutet, bei jeder Etappe zwischen Bergwerk und Weltmarkt die legitime Beschaffung von der nachweislichen Einhaltung vereinbarter Standards abhängig zu machen. Besonders gefördert werden sollen dabei die artisanal miners- die informellen Schürfer. Es gehe um eine "Partnerschaft zwischen Kleinbergleuten und internationalen verarbeitenden Unternehmen, die um die Bedingungen der Produktion und des Handels der Mineralien Sorge tragen", sagt Nicola Martin, Afrika-Expertin der BGR. (11)

Zahlen & Fakten

Reserven, Förderung, Verbrauch und Raffineriekapazitäten von Erdöl in Afrika nach Ländern 1990-2005*

Land	Reserven** 2005	Förderung***					Raffineriekapazität 2005	Verbrauch 2005
		1990	1995	2000	2004	2005		
in Millionen Tonnen								
Afrika	13.702	320,10	339,50	373,80	441,30	471,60	161,90	134,30
Davon:								
Ägypten	511	45,50	46,60	38,80	35,00	34,80	36,30	28,50
Algerien ****	1.446	57,50	56,60	66,80	83,00	92,50	22,50	11,30
Angola	751	23,40	31,20	36,90	49,00	60,90		
Gabun *****	345	13,50	17,80	16,40	11,80	11,80		
Libyen ****	5.157	68,30	67,90	69,50	75,80	80,40	19,00	12,70
Nigeria ****	4.868	89,80	97,50	105,40	122,20	126,50	21,90	14,60
Republik Südafrika							25,20	23,80

* Daten z. T. rückwirkend revidiert, teilweise vorläufige Ergebnisse
** Sichere Reserven, Stand jeweils zum 31.12.
*** Erdölförderung einschließlich Kondensate, Naturbenzin, Flüssiggas und Öl aus Teersanden
**** OPEC-Mitglied

Quelle: Oil & Gas Journal, Petroleum Economist, IEA, UN Yearbook of Statistics

Entnommen aus: ExxonMobil Central Europe Holding
Hamburg (Hrsg.), Oeldorado 2006, S. 3

Reserven, Förderung und Verbrauch von Erdgas in
Afrika nach Ländern 1990-2005

Land	Reserven 2005	Förderung * 1990	1995	2000	2004	2005	Verbrauch 2005
		in Milliarden Kubikmeter					
Afrika	13.751,00	69,60	85,00	124,50	143,40	144,70	74,80
Davon:							
Ägypten	1.656,00	8,10	12,40	18,40	27,00	27,00	27,50
Algerien **	4.542,00	50,60	58,10	83,30	83,50	84,10	22,50
Libyen **	1.490,00	6,20	6,30	5,90	7,40	7,50	
Nigeria **	5.226,00	3,70	5,20	12,50	20,10	20,70	
Sonstige	837,00	1,00	3,00	4,40	5,40	5,40	24,80

* Im Wesentlichen nur die Netto-Förderung von Erdgas und Erdölgas,
d.h. Brutto-Förderung abzgl. zurückgepresstes und abgefackeltes Gas,
Eigenverbrauch und Verluste.
** OPEC-Mitglied

Quelle: Oil & Gas Journal, Petroleum Economist, IEA,
UN Yearbook of Statistics

Entnommen aus: ExxonMobil Central Europe Holding
Hamburg (Hrsg.), Oeldorado 2006, S. 6

Steinkohleförderung und -verbrauch weltweit 2004

Land	Förderung 2004 in Millionen Tonnen	Verbrauch 2004	Anteil des Verbrauchs an der Fördermenge in Prozent
China	1.540	1.470	95
Nordamerika	979	908	93
Ferner Osten	543	610	112
Eurasien	376	395	105
Australien	278	67	24
Afrika	251	130	52
EU 25	180	391	217
Mittel- und Südamerika	72	28	39
Welt insgesamt	**4.219**	**4.192** *	**k.A.**
Weltvorräte **	**1.204.000**	**k.A.**	**k.A.**

* Einschließlich Japan mit 193 Millionen Tonnen Verbrauch
** Schätzung

Quelle: Gesamtverband des deutschen Steinkohlenbergbaus (GVSt)

Entnommen aus: Aussenwirtschaft, 03/2007, S. 19

Weiterführende Literatur

(1) Kühne Schatzsucher
aus DIE ZEIT Nr.29

(2) Südafrikas Platinaktien übertreffen die Goldwerte
aus Frankfurter Allgemeine Zeitung, 05.04.2008, Nr. 80, S. 25

(3) Rohstoffboom beflügelt die Schwellenländer

aus Handelsblatt Nr. 101 vom 28.05.08 Seite d08

(4) Investoren entdecken Anlagechancen in Afrika
aus Handelsblatt Nr. 064 vom 02.04.08 Seite b13

(5) Wettlauf um Afrika
aus Handelsblatt Nr. 133 vom 11.07.08 Seite 13

(6) Der Kampf um die Rohstoffe
aus Handelsblatt Nr. 060 vom 27.03.08 Seite 16

(7) Zukunftsmarkt Afrika
aus Handelsblatt Nr. 133 vom 11.07.08 Seite 14

(8) Lindes afrikanische Töchter
aus Handelsblatt Nr. 133 vom 11.07.08 Seite 16

(9) Vorsprung durch deutsche Technik
aus Handelsblatt Nr. 133 vom 11.07.08 Seite 16

(10) Minen in Mali
aus Frankfurter Allgemeine Zeitung, 10.04.2008, Nr. 84, S. 23

(11) Wie Deutschland konfliktfreien Rohstoffhandel fördern will 2007 beschloss der G-8-Gipfel die "Erhöhung der Transparenz" im Rohstoffhandel. In Ruanda und Kongo setzt Deutschland sie um. Das Ziel: "Inseln legitimen Bergbaus"
aus taz, 05.07.2008, S. 4-5

Impressum

Globaler Rohstoffboom - Hoffnung für den afrikanischen Kontinent

Bibliografische Information der deutschen Nationalbibliothek

Die Deutsche Nationalbibliothek verzeichnet diese Publikation in der deutschen Nationalbibliografie; detaillierte bibliografische Daten sind im Internet über http://dnb.d-nb.de abrufbar.

ISBN: 978-3-7379-2356-9

© 2015 GBI-Genios Deutsche Wirtschaftsdatenbank GmbH, Freischützstraße 96, 81927 München, www.genios.de

Alle Rechte vorbehalten. Dieses Werk ist einschließlich aller seiner Teile – z.B. Texte, Tabellen und Grafiken - urheberrechtlich geschützt. Jede Verwertung außerhalb der Grenzen des Urheberrechtsgesetzes bedarf der vorherigen Zustimmung des Verlags. Dies gilt insbesondere auch für auszugsweise Nachdrucke, fotomechanische

Vervielfältigungen (Fotokopie/Mikroskopie), Übersetzungen, Auswertungen durch Datenbanken oder ähnliche Einrichtungen und die Einspeicherung und Verarbeitung in elektronischen Systemen.